CATALOGUE

DE

L'ARGENTERIE ANCIENNE

APPARTENANT A

M. LE BARON J. P.

DONT LA VENTE A EU LIEU

Par le Ministère de M. Pillet, commissaire-priseur, assisté de M. Charles Mannheim, expert

HOTEL DROUOT, SALLE N° 1

Les mercredi 12 et jeudi 13 juin 1878, à 2 heures précises

EXPOSITION PARTICULIÈRE LE LUNDI 10
ET PUBLIQUE LE MARDI 11 JUIN DE UNE-HEURE A CINQ-HEURES

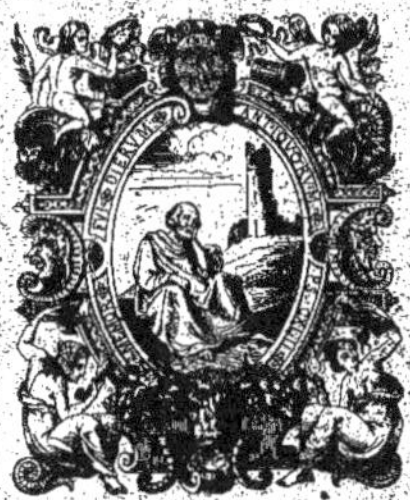

A PARIS

CHEZ MM. CH. MANNHEIM, EXPERT

RUE SAINT-GEORGES, N° 7

ET PILLET, COMMISSAIRE-PRISEUR

RUE GRANGE-BATELIÈRE, N° 10

MDCCCLXXVIII

CATALOGUE

DE

L'ARGENTERIE ANCIENNE

APPARTENANT A

M. LE BARON J. P.

DONT LA VENTE A EU LIEU

Par le Ministère de M. Pillet, commissaire-priseur, assisté de M. Charles Mannheim, expert

HOTEL DROUOT, SALLE N° 1

Les mercredi 12 et jeudi 13 juin 1878, à 2 heures précises

EXPOSITION PARTICULIÈRE LE LUNDI 10
ET PUBLIQUE LE MARDI 11 JUIN DE UNE HEURE A CINQ HEURES

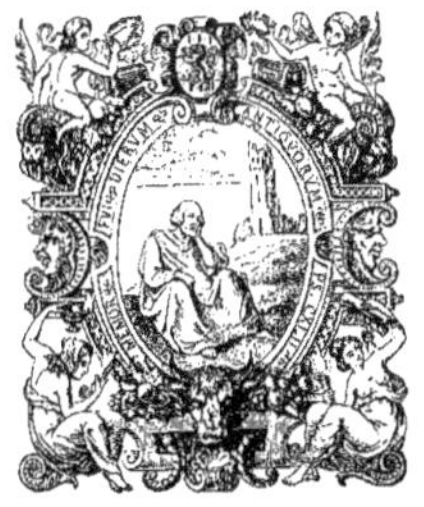

A PARIS

CHEZ MM. CH. MANNHEIM, EXPERT

RUE SAINT-GEORGES, N° 7

ET PILLET, COMMISSAIRE-PRISEUR

RUE GRANGE-BATELIÈRE, N° 10

MDCCCLXXVIII

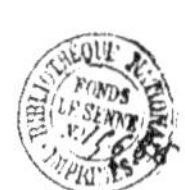

AVERTISSEMENT

L'ARGENTERIE ancienne est une des branches les plus intéressantes et les plus appréciées de la curiosité. Quand on voit les inventaires anciens, les livres des Masson, des P. Germain, des Roettiers, des Eisen, on s'étonne de rencontrer si peu de pièces riches et importantes. Ce sont les productions de l'orfèvrerie modeste des règnes de Louis XV et de Louis XVI, conservées dans les familles moyennes qu'on trouve ou plutôt qu'on trouvait le plus communément. Ces familles, grâce à leur médiocrité, avaient moins subi le choc des événements que les grandes maisons et avaient moins suivi la mode qui est responsable aussi de bien des destructions.

Aujourd'hui que le goût des objets anciens a pénétré partout, les familles gardent généralement l'argenterie ancienne après les décès, et il devient de plus en plus difficile de faire une collection.

Celle qui va être dispersée (1) et dont nous offrons le catalogue au public, est le fruit de trente ans de recherches et d'épurations.

C'est en 1848 que le propriétaire a commencé à la former, et pour éclairer son goût il a fait des recherches, qui lui ont permis de déterminer précisément, surtout depuis 1672, l'âge et le plus habituellement les auteurs des pièces qui tombaient sous ses yeux.

Il y a eu, au moins depuis le règne de Philippe le Hardi, un poinçon destiné à faire connaître l'auteur de chaque pièce d'orfévrerie et le lieu de la fabrication; mais cet usage paraît avoir subi quelques lacunes pour le second de ces poinçons dit de maison commune, qui servait à établir le titre de la pièce et était

(1) On aurait préféré pouvoir vendre en bloc cette collection, mais on a reculé devant la difficulté de trouver un acquéreur. Il est très-rare, en effet, qu'une collection faite par une personne plaise dans sa totalité à une autre.

appliqué dans chaque ville par les gardes de l'orfévrerie.

En effet Louis XII, dans son ordonnance du
12 décembre 1506, en prescrivant que tous orfévres
aient *nouveaux poinçons* (ce qui indique qu'ils en
avaient d'autres antérieurement), ordonne, sans parler
de poinçon antérieur ni rien dire dont on puisse en
induire qu'il en existait, qu'il y ait un contre-poinçon dont les maîtres jurés contre-marqueront les ouvrages des orfévres et que ce contre-poinçon soit
chaque année enregistré à la Chambre des monnaies et empreint (ou insculpé) sur une table de
cuivre.

C'est ce poinçon représentant une lettre de l'al-
phabet changeant tous les ans qui donne la possibi-
lité d'assigner à chaque pièce d'orfévrerie une date
précise; mais chaque lettre revenant après 23 ans et
le style ne changeant pas aussi souvent, ce n'est qu'à
partir de 1672, date de l'établissement du droit de
marque, que la date peut être indiquée d'une manière
irrévocable. En effet, depuis cette époque, les poinçons des fermiers indiquant la série des années
de leur bail, la lettre du poinçon de maison commune ne peut s'appliquer qu'à l'année *du bail* où
elle a été employée; ainsi l'R qui avec les
poinçons d'Étienne Baligny (1703-1713) désigne
l'année 1710, indique 1757 avec ceux d'Éloi Bri-

chard (1756-62) et 1733 avec ceux d'Hubert Louvet (1732-38).

Ce fut le 5 février 1506 (1507 nouveau style) que fut insculpé le premier A à la Cour des monnaies, le B lui succéda le 10 décembre 1507, et cet usage dura jusqu'en 1783 (1) que le V ou plutôt l'U fut insculpé le 12 juillet. De 1784 à 1789 un poinçon de maison commune, prétendu invariable, fut donné à l'orfévrerie de Paris ; c'était un P changeant de forme tous les ans et portant les deux dernières lettres du millésime gravé en creux entre la couronne et le P.

Le P de 1789 fut le dernier. Cet ordre si juste, si simple, si respectable ne devait pas survivre à la glorieuse monarchie qui l'avait fondé (2).

Il a semblé nécessaire de donner ces détails pour qu'on n'accuse pas le présent catalogue de donner des dates de fantaisie.

(1) Il y a eu des irrégularités : ainsi l'X a été le poinçon depuis le 20 juillet 1690 jusqu'au 13 octobre 1692 ; l'A a servi du 29 décembre 1740 au 9 mars 1742, etc.; on ne peut donc établir les poinçons de chaque année seulement par le fait de l'insculpation de l'A en 1507 ; il a fallu dépouiller les registres de la cour des monnaies pour avoir les dates précises de chaque lettre.

(2) J'ai lieu de croire que le poinçon de 1789 a servi à marquer l'orfévrerie parisienne jusqu'en brumaire an VI (nov. 1797) qu'on prit le coq.

Cette fixation des dates a une grande importance;
généralement les curieux et les marchands ont une
tendance marquée à reculer les époques. Presque
toutes les pièces désignées comme étant du règne de
Louis XIV sont de Louis XV et même du Louis XV
avancé. Les objets d'argent fabriqués sous le règne du
premier de ces princes sont excessivement rares, et la
plupart de ceux que nous trouvons proviennent de
trouvailles souterraines (comme les vases de 1701
n° 119) ou de l'étranger (comme la chocolatière d'or
n° 1).

On remarquera dans cette collection plusieurs
pièces d'une époque qui a eu un style à elle, style
peu remarqué jusqu'ici et qui mérite cependant de
l'être avec la plus grande attention.

La régence du duc d'Orléans (1715-23) fut une
époque féconde en bouleversements de fortunes, mais
elle activa évidemment au plus haut degré la circu-
lation du numéraire. Bien des gens se trouvèrent à
même d'encourager les arts en satisfaisant leur goût.
D'ailleurs, plus tard et sur la fin du Système, quand il
fut défendu d'avoir chez soi plus d'une certaine
somme en numéraire, beaucoup de personnes élu-
dèrent la défense en se faisant faire quantité de pièces d'orfévrerie.

Quoi qu'il en soit, à cette époque surgit ou plutôt se développa (car on le voit poindre depuis la fin du règne de Louis XIV) un style qui à mes yeux est le plus charmant qui ait existé depuis la Renaissance. Dans ce style aimable et tout français, si français qu'il n'a guère été imité à l'étranger, on trouve la correction et le grandiose du style de Louis XIV, mais dépouillé de sa raideur. La grâce la plus parfaite, l'esprit le plus ingénieux, le goût le plus riant, viennent se joindre à l'ampleur, à la noblesse, à la solidité des ouvrages du grand siècle. Dans l'orfévrerie, les artistes travaillant dans ce style ont fort usé du chanlevé, c'est-à-dire, de ces ornements pris sur pièce avec un relief très-doux, mais assez fort pour préparer la voie à ces effets de lumière, qui donnent tant de valeur et de charme à l'ornementation des métaux; cela ne les a pas empêchés d'user du haut-relief, avec une douceur et un fini de ciselure qu'on ne saurait trop louer.

Ce style ne s'est pas seulement manifesté dans l'orfévrerie, il se trouve encore dans les bronzes, dans la sculpture, et notamment dans ces charmantes corniches de plâtre que tout le monde connaît, puis dans la sculpture en bois; mais je ne l'ai jamais vu s'exprimer d'une façon plus séduisante que dans l'orfévrerie. Deux articles de cette vente en donnent surtout un spécimen très-remarquable : ce sont les

deux flambeaux de Balin de 1719 et le pot à boire
de 1722, n°ˢ 17 et 98.

Toutes les pièces de ce catalogue qui ne sont pas
annoncées d'une autre origine, sont fabriquées à
Paris. Qu'il nous soit permis de dire qu'il y a tou-
jours une différence considérable entre les pièces
faites à Paris et celles fabriquées en province. J'ai
plus que rarement vu une pièce faite en province,
bien proportionnée dans toutes ses parties, une pièce
qui n'eût pas, malgré la prodigalité et même le fini
des ornements, quelque chose de gauche et de man-
qué qui frappe un œil exercé dés le premier mo-
ment.

Ceci s'applique à bien plus forte raison à l'argenterie
étrangère. Si l'on excepte les pièces faites au XVIᵉ siècle,
à cette merveilleuse époque où le génie des arts
semble avoir semé le goût et le talent sur l'Europe
entière, je n'ai jamais vu une pièce étrangère pouvant
entrer en concurrence avec une pièce du même genre
de Paris. Au reste l'orfévrerie de Paris a joui, pour
ainsi dire, dés son origine d'une réputation univer-
selle et méritée. Dés le XIIIᵉ siècle Marc-Pole en
fait mention comme très-estimée; au XVᵉ siècle, en
1472, Jos. Barbaro, ambassadeur de Venise auprés
d'Ouzoun Khassan, sofi de Perse, lui apporta entre
autres présents des vases de table en or et en argent,
faits à Paris et très-bien ciselés (*Parisini operi egregié*

cælata) (1). Enfin, en 1504 Henri VII, roi d'Angleterre, se faisait fournir 552 marcs (138 kilog. envi:
ron) de vaisselle d'argent, par Pierre Daniel, mar-
chand joaillier de Paris (2), et cependant l'orfévrerie anglaise du moyen âge était fort belle. Mais
quel orfévre les étrangers ont-ils eu à opposer
à Pierre Ier et à Thomas Germain, aux Balin, aux
Besnier, aux Auguste?

En terminant, qu'il nous soit permis de dire qu'on
a dans ces derniers temps décoré au repoussé beaucoup de pièces anciennes. Les personnes qui achéte-
ront quoi que ce soit dans ce catalogue peuvent
être sûres qu'elles auront des pièces *vraies*.

<hr>

Pour faire connaître les pièces principales ou de
forme rare aux personnes qui ne pourraient pas ve-
nir les voir à l'exposition et peut-être aussi pour
en conserver la mémoire, il en a été fait un album

(1) Mas-Latrie, tome III, p. 336.
(2) Registre de la Cour des monnaies Z, 3156 au 12 juin
1504.

de dix-huit planches (1). On sait combien le brillant du métal rend difficile la photographie des objets d'argent. Les amateurs ne seront donc pas surpris si ces planches ne répondent qu'à demi à leur attente.

Les pièces qui sont représentées dans l'album sont désignées sur le catalogue par la lettre A entre parenthèses.

(Le petit vase placé à la fin du catalogue, page 29, représente le dessin conservé dans les Archives de la Cour des monnaies, du chef-d'œuvre fait en février 1646 en l'hôtel de L. Denison, conseiller en la Cour des monnaies, quai d'Orléans, île de Notre-Dame (Saint-Louis), par Pierre Baille, reçu maître orfévre le 27 mars suivant.)

(1) On pourra se procurer cet album, fait par M. Geoffrey (rue Campagne-Première, 15), chez M. Janin, orfévre, boulevard des Italiens, 14, et chez M. Morgand, libraire, passage des Panoramas, 55, à Paris, à partir du 1er juin.

CATALOGUE

DE

L'ARGENTERIE ANCIENNE

APPARTENANT

A M. LE Bon J. P.

VAISSELLE D'OR

1 — Une chocolatière haute, de forme simple, dont le couvercle, le col et la bouterolle du manche sont ornés de joncs coudés et en onde, avec culots et fleurons sur amati. Manche droit en jaspe sanguin.

2 — Lampe à esprit-de-vin à quatre trous avec manche en jaspe sanguin et trépied; le tout orné de la même façon que la chocolatière.

(Mouche, poinçon de décharge et bas de l'A d'É-

tienne Baligny (1703 à 1713) sur la chocolatière,
les autres poinçons effacés.)

Les pièces d'orfévrerie ancienne en or sont fort rares. Celle-
ci a été rapportée de Russie en France, par un prince
Kourakin.

3 — Une petite cuillère unie également en or, faite en 1786.

VAISSELLE D'ARGENT

4 — Une aiguière de la forme dite casque, avec palmettes
à sa base (1692).

Pièce rare.

5 — Une belle aiguière avec sa cuvette couverte d'ornemens ciselés et repoussés, parmi lesquels des cy-
gnes au milieu de roseaux. (A pl. 1 et 2.)

Faite à Paris en 1753.

6 — Une petite aiguière à canaux tournans, couvercle à
coquille et rocailles riches, ondes à la base, avec
sa cuvette également à canaux tournans, faite en

1733, par Louis Renard, orfévre, auquel on doit
de très-belles aiguières. (A pl. 2.)

Voir sur cet orfévre le Catalogue du chevalier de la Roque,
n° 465.

7 — Soixante assiettes à contours, bien faites et bien conservées, milieu du dix-huitième siècle, pesant
35 kilog. 390 gr.

Ces assiettes seront vendues en bloc s'il se présente des
acquéreurs, sinon elles seront détaillées par six. C'est une
collection très-difficile à réunir.

8 — Un très-beau bougeoir, bord à oves et à agrafes, culots
feuilles d'acanthe et nattes.

Fait en 1736.

9 — Un bougeoir de très-bon goût, bord avec attaches
et feuillages.

10 — Deux burettes d'église et leur cuvette très-bien faite,
bords godronnés.

1757.

11 — Une belle et grande cafetière à côtes torses. Très-
large tête.

Faite en 1752.

12 — Une petite cafetière à côtes torses, bec ouvert, forme
un peu ovale, écusson et guirlandes (très-jolie).

Faite par J. B. Chéret, en 1766.

13 — Une cafetière droite à trois pieds.

Faite par Ant. Boullier, en 1775.

14 — Une petite cafetière à côtes droites, bouton à
feuilles et rayons sur le couvercle.

Faite en 1754.

15 — Une petite cafetière, dont le goulot est formé par
une tête de vache, la gueule ouverte, avec une
guirlande de fleurs et de fruits.

Faite en 1784.

16 — Un calice, dont la coupe représente la Circoncision,
l'Adoration des Mages, la Fuite en Égypte; le
panache représente la Foi, l'Espérance et la
Charité : sur le pied est le mariage de la Vierge,
l'Adoration des Bergers, la Purification ; sur la
patène, la Cène.

Fait en 1642. Voir n° 122.

17 — Une paire de candélabres ou girandoles à deux

lumières de la meilleure forme et de la plus excellente ciselure, cartouches à quadrilles sur le pied
et trois têtes dont une casquée; têtes de faunes,
coquilles , etc. au haut du panache orné lui-
même de palmes et de culots. (A pl. 3.)

Faite par Jacques Balin, en 1719.

Superbe échantillon du style de la Régence.

Deux branches ornées.

18 — Une paire de petits candélabres, pieds ronds et
plats, tapis de Boule et culots renversés sur le
suage, panache à médailles, quadrilles et culots.
Deux branches ayant au milieu un petit vase. (A
pl. 3.)

Faite en 1707.
On voit commencer dans ces candélabres le style de la Régence.

19 — Une chocolatière avec pied et goulot très-bien
ornés, du reste absolument simple.

Faite en 1764, par François-Thomas Germain.

20 — Une chocolatière à côtes torses avec écusson sous
le goulot.

Faite en 1775, par J. C. Vanconverberghen (on pronon-
çait Vanconbert).

21 — Deux coquetiers gravés, pied à oves, balustres à
canaux tournans.

22 — Deux coquetiers à jour avec guirlandes. (A pl. 9.)

Faits en 1779.

23 — Deux coquetiers à balustres, pieds à oves.(A pl. 17.)

Faits en 1784.

24 — Sept coquetiers à balustres, pieds à contours. (A
pl. 17.)

Faits en 1750, 1752, 1763, et deux de province.

25 — Un coquetier à pied rond du temps de la Régence.

26 — Dix-huit couteaux d'argent pointus, neuf à feuilles
et neuf à filets et coquilles, 1788.

27 — Douze couteaux pointus, manche et lame en vermeil.

[?] Neuf faits en 1768, les trois autres identiques rappareillés.

28 — Vingt-quatre couverts riches. (Ne sera pas vendu.)

Faits en 1788.

29 — Cinq cuillères ; deux fourchettes.

En vieux vermeil d'Alsace.

30 — Deux couverts faits à Beauvais vers 1775, et une
jolie fourchette pouvant servir de modèle.

31 — Une croix processionnelle en argent avec fleurs de
lys aux trois extrémités, sans poinçons, mais
paraissant bien être du seizième siècle.

32 — Une cuillère à sucre, très-bien repercée.

Faite en 1745.

33 — Une deuxième de forme ovale, perles sur le manche.

Faite en 1780.

34 — Onze cuillères à café dans un étui du temps. Elles
sont très-minces, manches à pied de biche gravés
avec les poinçons de J. Vilain, orfévre, et ceux de
Ridereau, fermier de 1684 à 1687.

35 — Dix-huit cuillères à café, en vermeil, très-riches.

Faites en 1788, sauf une qui est du Coq et mal dorée, mais
bien conservée.

36 — Trois petites cuillères à café, le manche formé par
des nattes et des fleurs, 1752.

37 — Douze cuillères à café, extrêmement riches et très-
bien conservées, culots feuilles d'acanthe et guirlandes.

> Faites par J. L. D. Outrebou, en 1782.

38 — Une écritoire en vermeil, plateau d'ébène garni de
deux vases à canaux tournans, anses, sonnette et
flambeau à deux lumières.

> Faite à Paris en 1728.
> Sur le porte-sonnette on lit : « Donné à mon petit-fils L. D.
> Cottin de Fontaine, âgé de six ans. »
> En 1825, A. M. P. de Neuflizé, sa veuve, l'a transmis à Ernest
> de Breteuil, son petit-fils et filleul, âgé de huit ans et
> demi.
> Aux armes de Cottin de Fontaine.

ÉCUELLES COUVERTES

39 — Une écuelle unie avec son couvercle plat et uni
avec anneau portant le poinçon de 1690 et celui
de Seb. Le Blond.

40 — Belle écuelle avec têtes de Diane sur les oreilles accompagnées d'oves et feuilles d'acanthe, tête antique sur le bouton du couvercle, feuilles d'acanthe alternées avec ornemens montans. (A pl. 6.)
Son plateau à oves.

Faite à Paris en 1723.

41 — Une superbe écuelle, oreilles avec dauphins et rocailles, au milieu desquelles est une sorte de marguerite, couvercle avec artichaut mouvant d'une rose tournante, ornemens gravés sur le couvercle. Plateau à contours et à oves, 1754. (A pl. 5.)

42 — Une écuelle avec oreilles en rocaille, le couvercle garni de deux rangs d'oves et surmonté d'un artichaut.
Plateau à oves.

Faite par Simon Bourguet, en 1748.
Achetée à la vente faite en 1855 après le décès de Mlle de Mazencourt, dont elle porte les armes.

43 — Belle écuelle couverte artichaut et légumes (petits) sur le couvercle, oreilles avec roseau et rocailles. Plateau orné.

Faite en 1757.

44 — Petite écuelle couverte avec artichaut et feuillages

sur le couvercle, les anses formées par une branche
de bois (qui pourraient avoir été ajoutées ultérieu-
rement), poinçon de 1757.

45 — Une écuelle avec anses (et non oreilles), couvercle
bordé de quatre plates-bandes de canaux, séparées
par un emplacement d'écussons et trois rosaces
gravés, bouton formé par deux branches entrela-
cées.

Charmant plateau à contours, faisceau noué
autour sur le marli : cinq plates-bandes de canaux séparées comme ci-dessus (A).

Faits par C. Spriman, en 1778. Très-belle pièce.

46 — Une écuelle avec anses riches. Son couvercle orné de
perles et d'un bouton formé par un oiseau et des
branchages. Son plateau aussi à perles et à six
pans.

Très-jolie pièce, faite en 1786 par R. J. Dany.

47 — Une petite écuelle oreilles en rayons, grenade sur
le couvercle, poinçons de province.

ÉCUELLES NON COUVERTES

(SANS COUVERCLE)

48 — Une petite écuelle avec oreilles à rocailles.

> Faite en 1762.

49 — Une écuelle à oreilles riches (feuillage et chutes).

> Faite en 1778.

50 — Deux écuelles oreilles à palmes et rinceaux, tapis
de Boule et rosaces. (Analogues, mais non pareilles.)

> Faites vers 1735.

51 — Une écuelle avec oreilles gravées de bon goût avec
une petite palme en relief sur la gravure.

> Faite en 1709.

52 — Une écuelle, chutes de feuilles, rubans et rosaces
sur les oreilles. Temps de la Régence.

53 — Une écuelle avec têtes d'homme et de femme, et
dauphins sur les oreilles.

54 — Une écuelle du temps de la Régence, têtes ou médailles, au milieu de palmes, sur les oreilles.

FLAMBEAUX (1)

55 — Une paire de flambeaux à tige quarrée et cannelée.
On voit, sur le pied, des dauphins couronnés de
fleurs de lys au naturel, et à chaque coin une fleur
de lys ornée, dite de Florence. (A pl. 4.)

> Ces flambeaux sont marqués P. M. et deux masses, ce qui
est sûrement le poinçon de Pierre Mangot, orfévre de
François Ier, et contre-marqués V., poinçon de l'année
1526.
> C'est en 1526 que les enfants de François Ier allèrent le
remplacer dans les prisons de Charles-Quint. Il est bien

(1) Voir ci-dessus aux candélabres.

à penser que ces flambeaux furent faits pour le Dauphin lors
de son départ pour Madrid.

56 — Une belle paire de flambeaux triangulaires, avec
soleil au haut du panache, et d'autres beaux ornemens bien ciselés. (A pl. 4.)

Faite par Paul Soulaine, en 1726.

57 — Deux petits flambeaux godronnés.

Faits par Louis Loir, en 1710.

58 — Une paire de flambeaux avec médaillons (voir n° 116
sucrier), rosaces et palmettes, pieds à 8 pans, avec
quadrilles, rosaces et carquois. Aux armes de
Bellefonds.

Faite en 1719. (Style de la Régence.)

59 — Une paire de très-jolis flambeaux, style Louis XVI,
le bassinet formé par un vase entouré de roses et
soutenu de feuilles d'acanthe, guirlandes très-fines
et feuilles d'eau au panache (A).

Faite en 1789.

60 — Un petit flambeau d'étude à deux lumières avec
tige se dévissant et destinée à recevoir un abat-

jour. Les bassinets représentent des vases à go
drons sortant de deux coquilles (vermeil). (**A.**)

Marqué T. G. et une toison, poinçon du célèbre Thomas
Germain (qu'il ne faut pas confondre avec François-
Thomas Germain, son fils), et fait par lui en 1747.

Nous ne connaissons que trois pièces, à Paris, qui soient de
ce grand orfévre, à qui on ne manque pas d'en attribuer
une quantité. Celle-ci est très-remarquable.

61 — Un flambeau à deux lumières genre de Boule, très-
richement orné. (A pl. 1.)

Fait par Ch.-François Croze, en 1725.

62 — Un deuxième, moderne, fait pour compléter la paire.

———

63 — Une fontaine à thé en vermeil, très-fortement dorée,
avec sa lampe à esprit-de-vin.

Cette pièce porte le P de 1789, et le poinçon de J.-N.
Saget, reçu maître en 1783.

64 — Un gobelet couvert (rare) en vermeil uni.

Fait en 1742.

65 — Un gobelet de vermeil : roseaux alternés avec des
palmes ornées ; pied à oves.

Fait par Simon Bourguet, de 1744 à 1750.

66 — Un gobelet orné d'entrelas et palmettes en relief sur
amati, godrons au pied ; style de la Régence.

Fait en 1720.

67 — Un joli gobelet orné d'entrelas et palmettes seulement gravés, pied godronné.

Fait en 1731, style de la Régence.

68 — Dix petits gobelets à liqueur, savoir :

Quatre avec pieds à oves et tour gravé, faits en
1783, et six unis, faits en 1787.

69 — Un huilier ovale, à châssis en vermeil : belles
têtes de lions aux extrémités, têtes de femmes
sur les côtés, beaux ornemens chanlevés tout
autour. (A pl. 3.)

Fait en 1710. Aux armes (en dessous) de Nic. Du Port,

Mᵉ en la ch. des comptes, et Jeanne-Françoise Marcrz (d'une famille d'orfévres), sa femme.

70 — Un huilier d'une superbe forme et de la plus remarquable ciselure avec la marque de Robert Joseph-Auguste (célèbre orfévre, qui fit depuis la couronne du sacre de Louis XVI). Fait en 1770 (vermeil). (A pl. 7.)

> Cet huilier porte en dessous les armes effacées du duc de la Trémoille (J. Bretagne Ch. Godefroy, né en 1737) et de Marie-Geneviève de Durfort, sa femme. Ce duc de la Trémoille était le père de l'illustre prince de Talmont.

71 — Un très-bel huilier sur une terrasse, avec doucine et bords à piastres découpées à jour ; deux porteburettes à têtes de lions ; petits pieds en toupie, bouchons supportés par une couronne de fleurs ombrageant des écussons accompagnés de deux guirlandes. (A pl. 8.)

> Fait par Denis Franckson, en 1782.

72 — Une jatte décagone.

> Faite en 1719.

73 — Une jatte à contours.

74 — Deux jattes à contours découpés dont une godronnée.

> Faites entre 1703 et 1713.

75 — Deux très-jolies jattes ou compotiers à contours (6 pans), bords à godrons.

Faites en 1733, par Nicolas Outrebon.

76 — Deux marmites ou petits pots à crème dont l'un bordé d'oves et pieds ornés fait en 1777, et l'autre sans oves, bouton et pieds ornés, fait en 1788.

77 — Une paire de mouchettes avec son plateau : postes sur les mouchettes, plateau richement orné d'entrelas chanlevés.

Faite en 1719.

78 — Une autre paire tout à fait analogue.

Faite en 1719.

79 — Un moutardier formé par un vase à deux anses avec têtes de faunes et guirlandes, couvercle avec canaux, bouquet de raisins et feuilles de vigne. (A pl. 6.)

Le tout reposant sur un pied rond élevé sur des griffes. Excellente ciselure. Fait en 1784.

80 — Un moutardier en argent plein, couvert de canaux ; pied à contours. (A pl. 9.)

3

Fait par Denis Franckson, en 1770, à la Trinité (triangle dans le poinçon du maître).

81 — Un moutardier plateau à oves, avec deux attaches de vigne, et deux d'olivier, pieds à jours (vermeil). (A pl. 14.)

Fait en 1778.

82 — Un nécessaire renfermé dans un coffre d'acajou garni de coins en cuivre et doublé de tabis bleu contenant :

1° Une aiguière de forme ovale et aplatie, d'une belle forme et richement gravée, faite par J. N. Rœttiers, en 1770.

2° Une cuvette à pans, bords godronnés, faite en 1740.

3° Une boîte à éponge et une savonnette à quadrilles semblables à ceux de l'aiguière, faites par Rœttiers, en 1770.

4° Une paire de petits flambeaux se dévissant, canaux, guirlandes et oves, faits par J. B. Chéret, en 1777.

5° Une boîte longue à mettre des brosses, à contours, grenade sur le couvercle, ornemens gravés, faite en 1770, par J. B. Rœttiers.

6° Trois boîtes à pommade (une de Chéret 1782, une de F. Joubert 1785 et une de 1777).

7° Un encrier, une poudrière, un entonnoir, un couteau à poudre, flacons avec bouchons d'argent, étuis à louis et à fil, etc.

8° Un bain-marie avec rose et son feuillage, de la plus grande finesse sur son couvercle (1784).

83 — Un ostensoir repoussé, assez riche, tige à canaux
tournans. Fait en 1772.

84 — Une pince à asperges, faite en 1784, pièce très-
rare et de forme inusitée.

85 — Deux petites pinces à sucre, forme de ciseaux, faites
en province.

86 — Un très-grand plat long, à contours, mesurant
54 c. sur 33.

Fait à Grenoble, par Fauche, vers 1770 (taille rare).

87 — Un plat à poulet, fait à Paris en 1714.

88 — Deux plats à poulet plus petits; contour com-
pliqué.

Faits à Paris en 1744.

89 — Un plat quarré avec marli (rare).

Fait à Paris en 1766.

90 — Deux beaux plats quarrés oblongs.

Faits en 1757 à Paris.

91 — Deux plats quarrés oblongs, plus petits.

Faits à Paris en 1762.

92 — Trois plats d'entrée, très-beaux.
    33 c.

Faits à Paris en 1758 et 1784, les bords pris dans la masse.

93 — Quatre très-beaux plats ronds d'entremets, bords
    pris dans la masse.

Faits à Paris en 1775 et 1776.

94 — Deux plateaux d'écuelle à contours, avec agrafes
    ornées.

Faits en 1757.

95 — Un très-joli plateau anglais à six pans et à contours
    bords guillochés et petits canaux.

Fait en Angleterre en 1758.

96 — Deux plateaux à contours, à cinq pans.

Faits (très-bien) par Antoine Plot, en 1733.

97 — Un magnifique pot à boire portant à sa base des

palmes à tête de lion; tête sous le biberon, avec plumes, collerette et gland. Couvercle bordé d'oves et chargé de superbes ornemens chanlevés, anse très-élégante, commençant par une tête de femme, en ronde bosse. (A pl. 10 et 11.)

Fait à Paris en 1722.

Cette pièce, les candélabres du n° 17, les deux sucriers n°s 114 et 115 et d'autres moins importantes du présent catalogue sont de ce style de la Régence dont il a été parlé dans la préface.

98 — Un pot à crème à côtes torses, orné comme la théière n° 118 et le sucrier n° 112 (vermeil).

Fait par François Joubert, en 1767, pièce très-rare.

99 — Un réchaud à braise, de ceux dits façon de fer. Fait en 1697.

100 — Un petit réchaud à jour en argent avec plateau d'ébène et cuvette de cuivre pour recevoir la braise.

Paraît être anglais.

101 — Deux salières à godrons et à pieds carrés, faites en 1709 (vermeil). (A pl. 6.)

102 — Deux salières plus hautes : l'une faite vers 1713, et l'autre en 1723.

103 — Deux salières couvertes ou poivrières à huit pans et
godronnées. Couvercle en coquille.

Faites par Remy Chatria, en 1731.

104 — Une troisième identique.

Faite par Edme-Pierre Balzac, en 1744.

105 — Deux salières découvertes, pareilles aux précé-
dentes.

Faites par Remy Chatria, en 1728.

106 — Une troisième.

Faite par Balzac, en 1744.

107 — Deux salières couvertes ou poivrières, couvercle en
coquille fondu et ciselé.

Faites en 1764.

108 — Deux salières très-riches à mufles de lions, verres
bleus.

Faites en 1778, par Louis-Joseph Milleraud Bouty.

109 — Une saucière à deux anses, canaux tournans au
pied, d'une belle forme et bien ciselée avec son

plateau , charmant plat ovale à canaux avec
agrafes de feuillage aux extrémités. (A pl. 14).

La saucière faite en 1775, par C. N. Delanoy, le plateau
en 1776, par Ch. Spriman, aux armes de Condorcet. (Poinçon de décharge, couronne royale, ce qui signifie marqué *gratis*, Condorcet étant commissaire à la Monnaie.)

110 — Une savonnette et une boîte à éponges, faites en
        1711 et 1712.

111 — Une soupière ovale à contours de très-belle forme
        et beau style. (A pl. 12 et 13.)

Le couvercle surmonté d'un chien avec gibier et attributs de
chasse, de la meilleure ciselure.

La soupière ayant des pieds d'une belle et solide forme,
avec enroulements; anses riches mouvant d'une superbe
feuille d'acanthe qui embrasse la croupe de la soupière,
au milieu un écusson de la maison Demidoff recouvrant
très-probablement un écusson français timbré d'une couronne de comte. Cartouches avec lauriers en relief. Le
plateau entouré d'un faisceau avec feuilles aux extrémités
et branchage au milieu.

Le tout fait par Antoine-Jean de Villeclair, né en no-
vembre 1706, reçu maître le 15 juillet 1750, dé-
cédé en 1764. Contre-marqué Y (1762).

112 — Un sucrier à côtes torses avec deux colombes sur
        le couvercle. (A pl. 7.)

Fait par François Joubert, en 1766.
Voir nos 98 et 118.

113 — Un sucrier à secouer le sucre en poudre, à pied
godronné, forme ordinaire.

Fait en 1697.

114 — Un très-beau sucrier à secouer le sucre en poudre,
le pied rond garni de feuilles d'eau, le corps oc-
togone. Au bas, trois culots sortant de hautes
tiges séparées par deux grands canaux, le tout
sur amati. Au haut, quatre pans sont unis et quatre autres portent un quadrille avec trèfle dans
chaque case et une coquille au bas. (A pl. 3 et
11.)

Cette pièce a été faite, en 1728, par Nicolas Besnier, célèbre et excellent orfévre de Louis XV, aux galeries du
Louvre. Il fut remplacé par Rœttiers, son gendre.

Cette pièce est encore de l'admirable style de la Régence.

115 — Un deuxième pareil.

116 — Un très-beau et rare sucrier, orné au milieu de
trois panneaux de quadrilles séparés par des entrelas, au centre desquels il y a une tête d'impé-
ratrice et deux têtes d'empereurs, la première tête
répétée sur le bouton du couvercle. (A pl. 1 et 5.)

Fait à Paris en 1703 (marque du maître effacée).

Ce genre de décoration à médailles a été inventé par Nicolas de Launay, dans l'exécution de la toilette de la
duchesse de Bourgogne.

117 — Une terrine d'un très-beau contour, avec pieds
fourchus mouvans d'une touffe de céleris. Sur le
couvercle sont jetés autour d'une orange, garnie
de son feuillage, un ortolan, deux grondins, trois
huîtres, truffes, champignons, morille, artichaut,
cornichons, etc., etc., le tout modelé et ciselé
dans la plus rare perfection. — Plateau ovale,
bords et baguettes garnis de feuillage, bordure
ornée d'une natte ayant de petits motifs semés
dessus. (A pl. 15 et 16.)

> Ces pièces portent les poinçons de 1729 et 1730, mais pas
> de poinçon de maître, ce qui indique qu'elles ont été
> faites par un des orfévres suivant la cour, ou par un
> orfévre des Gobelins, qui alors n'avaient pas encore de
> poinçon.
>
> Je serais tenté de l'attribuer au fameux Syrieys, orfévre à
> brevet du Roi, qui avait travaillé avec succès et avec
> l'approbation de Germain à la toilette de la Reine et
> qui depuis se retira en Italie, où il devint directeur des
> ouvrages en pierre dure de la galerie impériale à Flo-
> rence. (Voir Johannon de S. Laurent.)
>
> Cette pièce, qui est peut-être la plus belle qu'on connaisse,
> porte les armes de l'Infant don Philippe, duc de Parme,
> gendre de Louis XV, qui a dû l'acheter d'un proprié-
> taire antérieur. On voit dans le Journal de Duvaux qu'il
> achetait des meubles, bijoux et curiosités, par l'intermé-
> diaire de M. le Premier (le marquis de Beringhen).
> Il devait y avoir deux terrines pareilles et une soupière
> au milieu. (Voir le surtout du milord duc de Kingston,
> fait en 1735, par Meyssonier, dans son œuvre.)

118 — Une théière à canaux tournans, très-bien faite et

ciselée, écusson sur le côté, plateau spécial aussi
à canaux tournans. (A pl. 10 et 11.)

Faite par François Joubert, en 1765.

Les théières anciennes de Paris sont très-rares. Il est facile
au reste de distinguer une pièce destinée à cet usage
d'avec celles destinées au café. Dans les théières le goulot va prendre la liqueur au fond du vase et son orifice
est garni d'une plaque trouée.

119 — Deux vases à fleurs, belle forme, godrons canaux et quadrilles, joncs coudés sur amati. (A
pl. 17.)

Fait par J.-B. Loir, en 1701.

120 — Deux autres vases pareils.

Ces pièces sont les seules connues de ce genre en orfévrerie
française. Elles proviennent d'une trouvaille souterraine.

OBJETS DIVERS

LA PLUPART INTÉRESSANTS POUR L'HISTOIRE DU POINÇON DE PARIS.

121 — Un chef ou tête destinée à recevoir des reliques de saint, poinçon portant une hermine cravatée et les lettres N. E. (Nante) marque du maître T. F.

Poinçons de Nantes au seizième siècle.

122 — Un calice du seizième siècle, marqué J. C. et contre-marqué F., pied à jour.

Paraît être fait en 1534.

123 — Un ciboire portant un poinçon de maître du seizième siècle et le poinçon Z de maison commune.

Fait en 1528 ou 1551.

124 — Quatre cuillères de la forme dite au moyen âge,

à bout coupé, portant les poinçons L, F et G de
maison commune et des poinçons de maître.

125 — Une cuillère de la forme dite à pied de biche aux
armes de Talleyrand.

Faite en 1677.

126 — Trois fourchettes à bout coupé dont une à deux
dents seulement (ce qui est tout à fait le commen-
cement de la fourchette) et deux à trois dents,
poinçonnées de Paris.

127 — Une garniture de douze boutons d'argent, pour un
habit d'homme (règne de Louis XVI), pareils,
plus deux autres dissemblables.

ORFÉVRERIE MODERNE

128 — Un très-grand plateau, fond gravé, bords et anses
imitant un tronc d'arbre sur lequel courent des
renards, des chiens, cerfs et sangliers.

Fait vers 1850, par Diosne. Mesurant 77 c. sur 57 (7,467 gr.).

129 — Douze couteaux à huître, forme très-commode,
dont les manches sont pris sur des matrices de
manches de couteaux anciens.

130 — Trente-six couteaux, dont douze à manches, à
filets et écussons, et douze avec guirlande et feuillage modernes.

Faits sur d'anciennes matrices.

131 — Un réchaud long et quatre ronds à bougie, têtes
et griffes de lion.

Pièces riches et de bon goût faites par Morel et pesant
13 kilog. 620 gr. (environ 2,800 fr.).

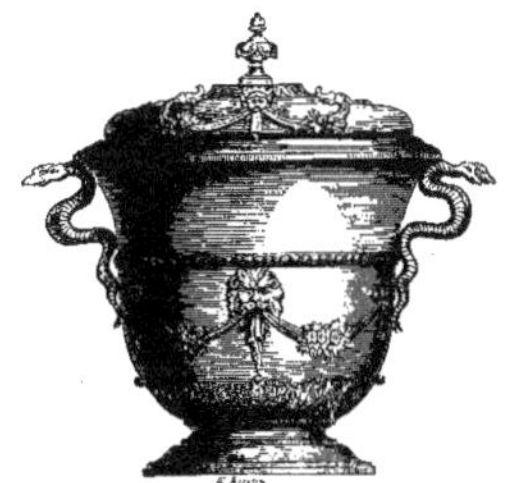

PRIX DE LA VENTE

DE L'ARGENTERIE ANCIENNE

DE M. LE Bon J. PICHON

N^{os}	Fr.	N^{os}	Fr.
1 et 2	17,500	Report. . .	56,685
3.	390	19.	600
4.	1,005	20.	700
5.	4,300	21.	265
6.	3,150	22.	325
7.	10,800	23.	180
8.	610	24.	310
9.	360	25.	60
10.	140	26.	550
11.	2,000	27.	405
12.	750	28.	»
13.	1,510	29.	225
14.	500	30.	300
15.	660	31.	205
16.	910	32.	110
17.	8,550	33.	150
18.	3,550	34.	80
A reporter. .	56,685	A reporter. .	61,150

Nᵒˢ	Fr.	Nᵒˢ	Fr.
Report...	61,150	Report...	113,360
35.	325	69.	4,500
36.	200	70.	4,000
37.	705	71.	2,350
38.	1,355	72.	430
39.	370	73.	215
40.	4,500	74.	800
41.	4,750	75.	2,000
42.	2,500	76.	305
43.	1,900	77.	470
44.	330	78.	340
45.	2,960	79.	700
46.	2,000	80.	400
47.	420	81.	460
48.	360	82.	4,100
49.	320	83.	90
50.	880	84.	400
51.	200	85.	185
52.	310	86.	770
53.	210	87.	305
54.	300	88.	400
55.	8,550	89.	400
56.	4,000	90.	700
57.	705	91.	800
58.	2,200	92.	800
59.	1,950	93.	880
60.	5,000	94.	630
61.	2,300	95.	500
62.	850	96.	660
63.	810	97.	14,100
64.	130	98.	1,020
65.	190	99.	310
66.	180	100.	120
67.	130	101.	185
68.	320	102.	145
A reporter..	113,360	A reporter..	157,830

Nᵒˢ	Fr.	Nᵒˢ	Fr.
Report. . .	157,830	Report. . .	227,390
103 et 104. . .	405	119.	3,550
105 et 106. . .	180	120.	3,550
107.	395	121.	690
108.	630	122.	120
109.	2,520	123.	85
110.	200	124.	57
111.	9,500	125.	45
112.	1,020	126.	52
113.	250	127.	135
114 et 115 . . .	8,850	128.	1,780
116.	3,510	129.	120
117.	40,000	130.	340
118.	2,100	131.	3,320
A reporter. .	227,390	Total. . .	241,234

FIN DES PRIX DE VENTE.

PARIS. — TYPOGRAPHIE LAHURE
Rue de Fleurus, 9

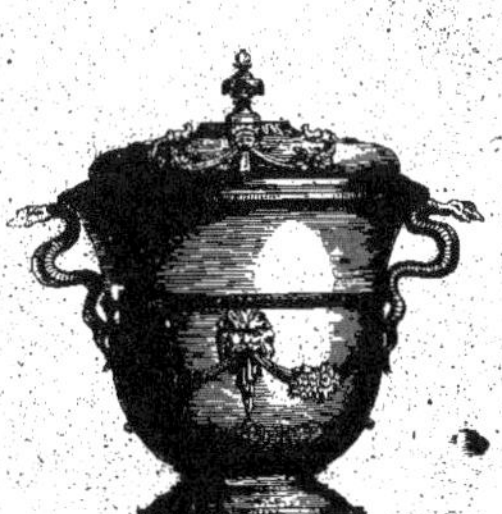

Typographie Lahure, rue de Fleurus, 9, à Paris.